粵港澳大灣區
發展規劃綱要

開明書店

粵港澳大灣區發展規劃綱要

責任編輯　蕭　健
封面設計　南　意
排　　版　林筱晨
印　　務　林佳年

出版　　開明書店
　　　　香港北角英皇道 499 號北角工業大廈一樓 B
　　　　電話：(852) 2137 2338　傳真：(852) 2713 8202
　　　　電子郵件：info@chunghwabook.com.hk
　　　　網址：http://www.chunghwabook.com.hk

發行　　香港聯合書刊物流有限公司
　　　　香港新界大埔汀麗路 36 號
　　　　中華商務印刷大廈 3 字樓
　　　　電話：(852) 2150 2100　傳真：(852) 2407 3062
　　　　電子郵件：info@suplogistics.com.hk

印刷　　美雅印刷製本有限公司
　　　　香港觀塘榮業街 6 號海濱工業大廈 4 樓 A 室

版次　　2020 年 6 月初版
　　　　© 2020 開明書店

規格　　32 開（210mm×148mm）

ISBN　　978-962-459-190-3

目　　錄

粵港澳大灣區發展規劃綱要

新華社北京 2 月 18 日電　中共中央、國務院印發了《粵港澳大灣區發展規劃綱要》，並發出通知，要求各地區各部門結合實際認真貫徹落實。

《粵港澳大灣區發展規劃綱要》全文如下。

前　言

粵港澳大灣區包括香港特別行政區、澳門特別行政區和廣東省廣州市、深圳市、珠海市、佛山市、惠州市、東莞市、中山市、江門市、肇慶市（以下稱珠三角九市），總面積 5.6 萬平方公里，2017 年末總人口約 7000 萬人，是我國開放程度最高、經濟活力最強的區域之一，在國家發展大局中具有重要戰略地位。建設粵港澳大灣區，既是新時代推動形成全面開放新格局的新嘗試，也是推動「一

國兩制」事業發展的新實踐。為全面貫徹黨的十九大精神，全面準確貫徹「一國兩制」方針，充分發揮粵港澳綜合優勢，深化內地與港澳合作，進一步提升粵港澳大灣區在國家經濟發展和對外開放中的支撐引領作用，支持香港、澳門融入國家發展大局，增進香港、澳門同胞福祉，保持香港、澳門長期繁榮穩定，讓港澳同胞同祖國人民共擔民族復興的歷史責任、共享祖國繁榮富強的偉大榮光，編製本規劃。

本規劃是指導粵港澳大灣區當前和今後一個時期合作發展的綱領性文件。規劃近期至 2022 年，遠期展望到 2035 年。

第一章

規劃背景

改革開放以來，特別是香港、澳門回歸祖國後，粵港澳合作不斷深化實化，粵港澳大灣區經濟實力、區域競爭力顯著增強，已具備建成國際一流灣區和世界級城市群的基礎條件。

第一節　發展基礎

區位優勢明顯。粵港澳大灣區地處我國沿海開放前沿，以泛珠三角區域為廣闊發展腹地，在「一帶一路」建設中具有重要地位。交通條件便利，擁有香港國際航運中心和吞吐量位居世界前列的廣州、深圳等重要港口，以及香港、廣州、深圳等具有國際影響力的航空樞紐，便捷高效的現代綜合交通運輸體系正在加速形成。

經濟實力雄厚。經濟發展水平全國領先，產業體系完備，集群優勢明顯，經濟互補性強，香港、澳門服務業高度發達，珠三角九市已初步形成以戰略性新興產業為先導、先進製造業和現代服務業為主體的產業結構，2017

年大灣區經濟總量約 10 萬億元。

創新要素集聚。創新驅動發展戰略深入實施，廣東全面創新改革試驗穩步推進，國家自主創新示範區加快建設。粵港澳三地科技研發、轉化能力突出，擁有一批在全國乃至全球具有重要影響力的高校、科研院所、高新技術企業和國家大科學工程，創新要素吸引力強，具備建設國際科技創新中心的良好基礎。

國際化水平領先。香港作為國際金融、航運、貿易中心和國際航空樞紐，擁有高度國際化、法治化的營商環境以及遍佈全球的商業網絡，是全球最自由經濟體之一。澳門作為世界旅遊休閒中心和中國與葡語國家商貿合作服務平台的作用不斷強化，多元文化交流的功能日益彰顯。珠三角九市是內地外向度最高的經濟區域和對外開放的重要窗口，在全國加快構建開放型經濟新體制中具有重要地位和作用。

合作基礎良好。香港、澳門與珠三角九市文化同源、人緣相親、民俗相近、優勢互補。近年來，粵港澳合作不斷深化，基礎設施、投資貿易、金融服務、科技教育、休

閒旅遊、生態環保、社會服務等領域合作成效顯著，已經形成了多層次、全方位的合作格局。

第二節　機遇挑戰

當前，世界多極化、經濟全球化、社會信息化、文化多樣化深入發展，全球治理體系和國際秩序變革加速推進，各國相互聯繫和依存日益加深，和平發展大勢不可逆轉，新一輪科技革命和產業變革蓄勢待發，「一帶一路」建設深入推進，為提升粵港澳大灣區國際競爭力、更高水平參與國際合作和競爭拓展了新空間。在新發展理念引領下，我國深入推進供給側結構性改革，推動經濟發展質量變革、效率變革、動力變革，為大灣區轉型發展、創新發展注入了新活力。全面深化改革取得重大突破，國家治理體系和治理能力現代化水平明顯提高，為創新大灣區

合作發展體制機制、破解合作發展中的突出問題提供了新契機。

　　同時，粵港澳大灣區發展也面臨諸多挑戰。當前，世界經濟不確定不穩定因素增多，保護主義傾向抬頭，大灣區經濟運行仍存在產能過剩、供給與需求結構不平衡不匹配等突出矛盾和問題，經濟增長內生動力有待增強。在「一國兩制」下，不同關稅區域，市場互聯互通水平有待進一步提升，生產要素高效便捷流動的良好局面尚未形成。大灣區內部發展差距依然較大，協同性、包容性有待加強，部分地區和領域還存在同質化競爭和資源錯配現象。香港經濟增長缺乏持續穩固支撐，澳門經濟結構相對單一、發展資源有限，珠三角九市市場經濟體制有待完善。區域發展空間面臨瓶頸制約，資源能源約束趨緊，生態環境壓力日益增大，人口紅利逐步減退。

第三節　重大意義

打造粵港澳大灣區，建設世界級城市群，有利於豐富「一國兩制」實踐內涵，進一步密切內地與港澳交流合作，為港澳經濟社會發展以及港澳同胞到內地發展提供更多機會，保持港澳長期繁榮穩定；有利於貫徹落實新發展理念，深入推進供給側結構性改革，加快培育發展新動能、實現創新驅動發展，為我國經濟創新力和競爭力不斷增強提供支撐；有利於進一步深化改革、擴大開放，建立與國際接軌的開放型經濟新體制，建設高水平參與國際經濟合作新平台；有利於推進「一帶一路」建設，通過區域雙向開放，構築絲綢之路經濟帶和 21 世紀海上絲綢之路對接融匯的重要支撐區。

第二章

總體要求

第一節　指導思想

深入貫徹習近平新時代中國特色社會主義思想和黨的十九大精神，統籌推進「五位一體」總體佈局和協調推進「四個全面」戰略佈局，全面準確貫徹「一國兩制」、「港人治港」、「澳人治澳」、高度自治的方針，嚴格依照憲法和基本法辦事，堅持新發展理念，充分認識和利用「一國兩制」制度優勢、港澳獨特優勢和廣東改革開放先行先試優勢，解放思想、大膽探索，不斷深化粵港澳互利合作，進一步建立互利共贏的區域合作關係，推動區域經濟協同發展，為港澳發展注入新動能，為全國推進供給側結構性改革、實施創新驅動發展戰略、構建開放型經濟新體制提供支撐，建設富有活力和國際競爭力的一流灣區和世界級城市群，打造高質量發展的典範。

第二節　基本原則

創新驅動，改革引領。實施創新驅動發展戰略，完善區域協同創新體系，集聚國際創新資源，建設具有國際競爭力的創新發展區域。全面深化改革，推動重點領域和關鍵環節改革取得新突破，釋放改革紅利，促進各類要素在大灣區便捷流動和優化配置。

協調發展，統籌兼顧。實施區域協調發展戰略，充分發揮各地區比較優勢，加強政策協調和規劃銜接，優化區域功能佈局，推動區域城鄉協調發展，不斷增強發展的整體性。

綠色發展，保護生態。大力推進生態文明建設，樹立綠色發展理念，堅持節約資源和保護環境的基本國策，實行最嚴格的生態環境保護制度，堅持最嚴格的耕地保護制度和最嚴格的節約用地制度，推動形成綠色低碳的生產生活方式和城市建設運營模式，為居民提供良好生態環境，促進大灣區可持續發展。

開放合作，互利共贏。以「一帶一路」建設為重點，構建開放型經濟新體制，打造高水平開放平台，對接高標準貿易投資規則，加快培育國際合作和競爭新優勢。充分發揮港澳獨特優勢，創新完善各領域開放合作體制機制，深化內地與港澳互利合作。

共享發展，改善民生。堅持以人民為中心的發展思想，讓改革發展成果更多更公平惠及全體人民。提高保障和改善民生水平，加大優質公共產品和服務供給，不斷促進社會公平正義，使大灣區居民獲得感、幸福感、安全感更加充實、更有保障、更可持續。

「一國兩制」，依法辦事。把堅持「一國」原則和尊重「兩制」差異有機結合起來，堅守「一國」之本，善用「兩制」之利。把維護中央的全面管治權和保障特別行政區的高度自治權有機結合起來，尊崇法治，嚴格依照憲法和基本法辦事。把國家所需和港澳所長有機結合起來，充分發揮市場化機制的作用，促進粵港澳優勢互補，實現共同發展。

第三節　戰略定位

　　充滿活力的世界級城市群。依託香港、澳門作為自由開放經濟體和廣東作為改革開放排頭兵的優勢，繼續深化改革、擴大開放，在構建經濟高質量發展的體制機制方面走在全國前列、發揮示範引領作用，加快制度創新和先行先試，建設現代化經濟體系，更好融入全球市場體系，建成世界新興產業、先進製造業和現代服務業基地，建設世界級城市群。

　　具有全球影響力的國際科技創新中心。瞄準世界科技和產業發展前沿，加強創新平台建設，大力發展新技術、新產業、新業態、新模式，加快形成以創新為主要動力和支撐的經濟體系；扎實推進全面創新改革試驗，充分發揮粵港澳科技研發與產業創新優勢，破除影響創新要素自由流動的瓶頸和制約，進一步激發各類創新主體活力，建成全球科技創新高地和新興產業重要策源地。

「一帶一路」建設的重要支撐。更好發揮港澳在國家對外開放中的功能和作用，提高珠三角九市開放型經濟發展水平，促進國際國內兩個市場、兩種資源有效對接，在更高層次參與國際經濟合作和競爭，建設具有重要影響力的國際交通物流樞紐和國際文化交往中心。

內地與港澳深度合作示範區。依託粵港澳良好合作基礎，充分發揮深圳前海、廣州南沙、珠海橫琴等重大合作平台作用，探索協調協同發展新模式，深化珠三角九市與港澳全面務實合作，促進人員、物資、資金、信息便捷有序流動，為粵港澳發展提供新動能，為內地與港澳更緊密合作提供示範。

宜居宜業宜遊的優質生活圈。堅持以人民為中心的發展思想，踐行生態文明理念，充分利用現代信息技術，實現城市群智能管理，優先發展民生工程，提高大灣區民眾生活便利水平，提升居民生活質量，為港澳居民在內地學習、就業、創業、生活提供更加便利的條件，加強多元文化交流融合，建設生態安全、環境優美、社會安定、文化繁榮的美麗灣區。

第四節　發展目標

　　到 2022 年，粵港澳大灣區綜合實力顯著增強，粵港澳合作更加深入廣泛，區域內生發展動力進一步提升，發展活力充沛、創新能力突出、產業結構優化、要素流動順暢、生態環境優美的國際一流灣區和世界級城市群框架基本形成。

　　—— 區域發展更加協調，分工合理、功能互補、錯位發展的城市群發展格局基本確立；

　　—— 協同創新環境更加優化，創新要素加快集聚，新興技術原創能力和科技成果轉化能力顯著提升；

　　—— 供給側結構性改革進一步深化，傳統產業加快轉型升級，新興產業和製造業核心競爭力不斷提升，數字經濟迅速增長，金融等現代服務業加快發展；

　　—— 交通、能源、信息、水利等基礎設施支撐保障能力進一步增強，城市發展及運營能力進一步提升；

　　—— 綠色智慧節能低碳的生產生活方式和城市建設

運營模式初步確立，居民生活更加便利、更加幸福；

—— 開放型經濟新體制加快構建，粵港澳市場互聯互通水平進一步提升，各類資源要素流動更加便捷高效，文化交流活動更加活躍。

到 2035 年，大灣區形成以創新為主要支撐的經濟體系和發展模式，經濟實力、科技實力大幅躍升，國際競爭力、影響力進一步增強；大灣區內市場高水平互聯互通基本實現，各類資源要素高效便捷流動；區域發展協調性顯著增強，對周邊地區的引領帶動能力進一步提升；人民生活更加富裕；社會文明程度達到新高度，文化軟實力顯著增強，中華文化影響更加廣泛深入，多元文化進一步交流融合；資源節約集約利用水平顯著提高，生態環境得到有效保護，宜居宜業宜遊的國際一流灣區全面建成。

第三章

空間佈局

　　堅持極點帶動、軸帶支撐、輻射周邊，推動大中小城市合理分工、功能互補，進一步提高區域發展協調性，促進城鄉融合發展，構建結構科學、集約高效的大灣區發展格局。

第一節　構建極點帶動、軸帶
支撐網絡化空間格局

　　極點帶動。發揮香港 — 深圳、廣州 — 佛山、澳門 — 珠海強強聯合的引領帶動作用，深化港深、澳珠合作，加快廣佛同城化建設，提升整體實力和全球影響力，引領粵港澳大灣區深度參與國際合作。

　　軸帶支撐。依託以高速鐵路、城際鐵路和高等級公路為主體的快速交通網絡與港口群和機場群，構建區域經濟發展軸帶，形成主要城市間高效連接的網絡化空間格局。更好發揮港珠澳大橋作用，加快建設深（圳）中（山）通

道、深（圳）茂（名）鐵路等重要交通設施，提高珠江西岸地區發展水平，促進東西兩岸協同發展。

第二節 完善城市群和城鎮發展體系

優化提升中心城市。以香港、澳門、廣州、深圳四大中心城市作為區域發展的核心引擎，繼續發揮比較優勢做優做強，增強對周邊區域發展的輻射帶動作用。

—— 香港。鞏固和提升國際金融、航運、貿易中心和國際航空樞紐地位，強化全球離岸人民幣業務樞紐地位、國際資產管理中心及風險管理中心功能，推動金融、商貿、物流、專業服務等向高端高增值方向發展，大力發展創新及科技事業，培育新興產業，建設亞太區國際法律及爭議解決服務中心，打造更具競爭力的國際大都會。

—— 澳門。建設世界旅遊休閒中心、中國與葡語國家商貿合作服務平台，促進經濟適度多元發展，打造以中

華文化為主流、多元文化共存的交流合作基地。

——廣州。充分發揮國家中心城市和綜合性門戶城市引領作用，全面增強國際商貿中心、綜合交通樞紐功能，培育提升科技教育文化中心功能，着力建設國際大都市。

——深圳。發揮作為經濟特區、全國性經濟中心城市和國家創新型城市的引領作用，加快建成現代化國際化城市，努力成為具有世界影響力的創新創意之都。

建設重要節點城市。支持珠海、佛山、惠州、東莞、中山、江門、肇慶等城市充分發揮自身優勢，深化改革創新，增強城市綜合實力，形成特色鮮明、功能互補、具有競爭力的重要節點城市。增強發展的協調性，強化與中心城市的互動合作，帶動周邊特色城鎮發展，共同提升城市群發展質量。

發展特色城鎮。充分發揮珠三角九市特色城鎮數量多、體量大的優勢，培育一批具有特色優勢的魅力城鎮，完善市政基礎設施和公共服務設施，發展特色產業，傳承傳統文化，形成優化區域發展格局的重要支撐。建設智慧

小鎮，開展智能技術應用試驗，推動體制機制創新，探索未來城市發展模式。加快推進特大鎮行政管理體制改革，在降低行政成本和提升行政效率的基礎上不斷拓展特大鎮功能。

促進城鄉融合發展。建立健全城鄉融合發展體制機制和政策體系，推動珠三角九市城鄉一體化發展，全面提高城鎮化發展質量和水平，建設具有嶺南特色的宜居城鄉。加強分類指導，合理劃定功能分區，優化空間佈局，促進城鄉集約發展。提高城鄉基礎設施一體化水平，因地制宜推進城市更新，改造城中村、合併小型村，加強配套設施建設，改善城鄉人居環境。

第三節　輻射帶動泛珠三角區域發展

發揮粵港澳大灣區輻射引領作用，統籌珠三角九市與粵東西北地區生產力佈局，帶動周邊地區加快發展。構建以粵港澳大灣區為龍頭，以珠江－西江經濟帶為腹地，

帶動中南、西南地區發展，輻射東南亞、南亞的重要經濟支撐帶。完善大灣區至泛珠三角區域其他省區的交通網絡，深化區域合作，有序發展「飛地經濟」，促進泛珠三角區域要素流動和產業轉移，形成梯度發展、分工合理、優勢互補的產業協作體系。依託沿海鐵路、高等級公路和重要港口，實現粵港澳大灣區與海峽西岸城市群和北部灣城市群聯動發展。依託高速鐵路、幹線鐵路和高速公路等交通通道，深化大灣區與中南地區和長江中游地區的合作交流，加強大灣區對西南地區的輻射帶動作用。

第四章

建設國際科技創新中心

深入實施創新驅動發展戰略，深化粵港澳創新合作，構建開放型融合發展的區域協同創新共同體，集聚國際創新資源，優化創新制度和政策環境，着力提升科技成果轉化能力，建設全球科技創新高地和新興產業重要策源地。

第一節　構建開放型區域協同創新共同體

加強科技創新合作。更好發揮內地與香港、澳門科技合作委員會的作用，推動香港、澳門融入國家創新體系、發揮更重要作用。充分發揮粵港澳科技和產業優勢，積極吸引和對接全球創新資源，建設開放互通、佈局合理的區域創新體系。推進「廣州—深圳—香港—澳門」科技創新走廊建設，探索有利於人才、資本、信息、技術等創新要素跨境流動和區域融通的政策舉措，共建粵港澳大灣區大數據中心和國際化創新平台。加快國家自主創新示範區與國家雙創示範基地、眾創空間建設，支持其與香港、澳門建立創新創業交流機制，共享創新創業資源，共同完

善創新創業生態，為港澳青年創新創業提供更多機遇和更好條件。鼓勵粵港澳企業和科研機構參與國際科技創新合作，共同舉辦科技創新活動，支持企業到海外設立研發機構和創新孵化基地，鼓勵境內外投資者在粵港澳設立研發機構和創新平台。支持依託深圳國家基因庫發起設立「一帶一路」生命科技促進聯盟。鼓勵其他地區的高校、科研機構和企業參與大灣區科技創新活動。

加強創新基礎能力建設。支持重大科技基礎設施、重要科研機構和重大創新平台在大灣區佈局建設。向港澳有序開放國家在廣東建設佈局的重大科研基礎設施和大型科研儀器。支持粵港澳有關機構積極參與國家科技計劃（專項、基金等）。加強應用基礎研究，拓展實施國家重大科技項目。支持將粵港澳深化創新體制機制改革的相關舉措納入全面創新改革試驗。

加強產學研深度融合。建立以企業為主體、市場為導向、產學研深度融合的技術創新體系，支持粵港澳企業、高校、科研院所共建高水平的協同創新平台，推動科技成果轉化。實施粵港澳科技創新合作發展計劃和粵港聯合創

新資助計劃，支持設立粵港澳產學研創新聯盟。

第二節 打造高水平科技創新載體和平台

加快推進大灣區重大科技基礎設施、交叉研究平台和前沿學科建設，着力提升基礎研究水平。優化創新資源配置，建設培育一批產業技術創新平台、製造業創新中心和企業技術中心。推進國家自主創新示範區建設，有序開展國家高新區擴容，將高新區建設成為區域創新的重要節點和產業高端化發展的重要基地。推動珠三角九市軍民融合創新發展，支持創建軍民融合創新示範區。支持港深創新及科技園、中新廣州知識城、南沙慶盛科技創新產業基地、橫琴粵澳合作中醫藥科技產業園等重大創新載體建設。支持香港物流及供應鏈管理應用技術、紡織及成衣、資訊及通信技術、汽車零部件、納米及先進材料等五大研發中心以及香港科學園、香港數碼港建設。支持澳門中醫

藥科技產業發展平台建設。推進香港、澳門國家重點實驗室伙伴實驗室建設。

第三節　優化區域創新環境

深化區域創新體制機制改革。研究實施促進粵港澳大灣區出入境、工作、居住、物流等更加便利化的政策措施，鼓勵科技和學術人才交往交流。允許香港、澳門符合條件的高校、科研機構申請內地科技項目，並按規定在內地及港澳使用相關資金。支持粵港澳設立聯合創新專項資金，就重大科研項目開展合作，允許相關資金在大灣區跨境使用。研究制定專門辦法，對科研合作項目需要的醫療數據和血液等生物樣品跨境在大灣區內限定的高校、科研機構和實驗室使用進行優化管理，促進臨牀醫學研究發展。香港、澳門在廣東設立的研發機構按照與內地研發機構同等待遇原則，享受國家和廣東省各項支持創新的政策，鼓勵和支持其參與廣東科技計劃。開展知識產權證券

化試點。

促進科技成果轉化。創新機制、完善環境，將粵港澳大灣區建設成為具有國際競爭力的科技成果轉化基地。支持粵港澳在創業孵化、科技金融、成果轉化、國際技術轉讓、科技服務業等領域開展深度合作，共建國家級科技成果孵化基地和粵港澳青年創業就業基地等成果轉化平台。在珠三角九市建設一批面向港澳的科技企業孵化器，為港澳高校、科研機構的先進技術成果轉移轉化提供便利條件。支持珠三角九市建設國家科技成果轉移轉化示範區。充分發揮香港、澳門、深圳、廣州等資本市場和金融服務功能，合作構建多元化、國際化、跨區域的科技創新投融資體系。大力拓展直接融資渠道，依託區域性股權交易市場，建設科技創新金融支持平台。支持香港私募基金參與大灣區創新型科技企業融資，允許符合條件的創新型科技企業進入香港上市集資平台，將香港發展成為大灣區高新技術產業融資中心。

強化知識產權保護和運用。依託粵港、粵澳及泛珠三角區域知識產權合作機制，全面加強粵港澳大灣區在知識

產權保護、專業人才培養等領域的合作。強化知識產權行政執法和司法保護，更好發揮廣州知識產權法院等機構作用，加強電子商務、進出口等重點領域和環節的知識產權執法。加強在知識產權創造、運用、保護和貿易方面的國際合作，建立完善知識產權案件跨境協作機制。依託現有交易場所，開展知識產權交易，促進知識產權的合理有效流通。開展知識產權保護規範化市場培育和「正版正貨」承諾活動。發揮知識產權服務業集聚發展區的輻射作用，促進高端知識產權服務與區域產業融合發展，推動通過非訴訟爭議解決方式（包括仲裁、調解、協商等）處理知識產權糾紛。充分發揮香港在知識產權保護及相關專業服務等方面具有的優勢，支持香港成為區域知識產權貿易中心。不斷豐富、發展和完善有利於激勵創新的知識產權保護制度。建立大灣區知識產權信息交換機制和信息共享平台。

第五章

加快基礎設施互聯互通

加強基礎設施建設，暢通對外聯繫通道，提升內部聯通水平，推動形成佈局合理、功能完善、銜接順暢、運作高效的基礎設施網絡，為粵港澳大灣區經濟社會發展提供有力支撐。

第一節 構建現代化的綜合交通運輸體系

提升珠三角港口群國際競爭力。鞏固提升香港國際航運中心地位，支持香港發展船舶管理及租賃、船舶融資、海事保險、海事法律及爭議解決等高端航運服務業，並為內地和澳門企業提供服務。增強廣州、深圳國際航運綜合服務功能，進一步提升港口、航道等基礎設施服務能力，與香港形成優勢互補、互惠共贏的港口、航運、物流和配套服務體系，增強港口群整體國際競爭力。以沿海主要港口為重點，完善內河航道與疏港鐵路、公路等集疏運網絡。

建設世界級機場群。鞏固提升香港國際航空樞紐地

位，強化航空管理培訓中心功能，提升廣州和深圳機場國際樞紐競爭力，增強澳門、珠海等機場功能，推進大灣區機場錯位發展和良性互動。支持香港機場第三跑道建設和澳門機場改擴建，實施廣州、深圳等機場改擴建，開展廣州新機場前期研究工作，研究建設一批支線機場和通用機場。進一步擴大大灣區的境內外航空網絡，積極推動開展多式聯運代碼共享。依託香港金融和物流優勢，發展高增值貨運、飛機租賃和航空融資業務等。支持澳門機場發展區域公務機業務。加強空域協調和空管協作，優化調整空域結構，提高空域資源使用效率，提升空管保障能力。深化低空空域管理改革，加快通用航空發展，穩步發展跨境直升機服務，建設深圳、珠海通用航空產業綜合示範區。推進廣州、深圳臨空經濟區發展。

　　暢通對外綜合運輸通道。完善大灣區經粵東西北至周邊省區的綜合運輸通道。推進贛州至深圳、廣州至汕尾、深圳至茂名、岑溪至羅定等鐵路項目建設，適時開展廣州經茂名、湛江至海安鐵路和柳州至肇慶鐵路等區域性通道項目前期工作，研究廣州至清遠鐵路進一步延伸的可

行性。有序推進沈海高速（G15）和京港澳高速（G4）等國家高速公路交通繁忙路段擴容改造。加快構建以廣州、深圳為樞紐，高速公路、高速鐵路和快速鐵路等廣東出省通道為骨幹，連接泛珠三角區域和東盟國家的陸路國際大通道。

構築大灣區快速交通網絡。以連通內地與港澳以及珠江口東西兩岸為重點，構建以高速鐵路、城際鐵路和高等級公路為主體的城際快速交通網絡，力爭實現大灣區主要城市間 1 小時通達。編制粵港澳大灣區城際（鐵路）建設規劃，完善大灣區鐵路骨幹網絡，加快城際鐵路建設，有序規劃珠三角主要城市的城市軌道交通項目。加快深中通道、虎門二橋過江通道建設。創新通關模式，更好發揮廣深港高速鐵路、港珠澳大橋作用。推進蓮塘 / 香園圍口岸、粵澳新通道（青茂口岸）、橫琴口岸（探索澳門蓮花口岸搬遷）、廣深港高速鐵路西九龍站等新口岸項目的規劃建設。加強港澳與內地的交通聯繫，推進城市軌道交通等各種運輸方式的有效對接，構建安全便捷換乘換裝體系，提升粵港澳口岸通關能力和通關便利化水平，促進人

員、物資高效便捷流動。

提升客貨運輸服務水平。按照零距離換乘、無縫化銜接目標，完善重大交通設施佈局，積極推進幹線鐵路、城際鐵路、市域（郊）鐵路等引入機場，提升機場集疏運能力。加快廣州—深圳國際性綜合交通樞紐建設。推進大灣區城際客運公交化運營，推廣「一票式」聯程和「一卡通」服務。構建現代貨運物流體系，加快發展鐵水、公鐵、空鐵、江河海聯運和「一單制」聯運服務。加快智能交通系統建設，推進物聯網、雲計算、大數據等信息技術在交通運輸領域的創新集成應用。

第二節　優化提升信息基礎設施

構建新一代信息基礎設施。推進粵港澳網間互聯寬帶擴容，全面佈局基於互聯網協議第六版（IPv6）的下一代互聯網，推進骨幹網、城域網、接入網、互聯網數據中心和支撐系統的IPv6升級改造。加快互聯網國際出入口帶

寬擴容，全面提升流量轉接能力。推動珠三角無線寬帶城市群建設，實現免費高速無線局域網在大灣區熱點區域和重點交通線路全覆蓋。實現城市固定互聯網寬帶全部光纖接入。建設超高清互動數字家庭網絡。

建成智慧城市群。推進新型智慧城市試點示範和珠三角國家大數據綜合試驗區建設，加強粵港澳智慧城市合作，探索建立統一標準，開放數據端口，建設互通的公共應用平台，建設全面覆蓋、泛在互聯的智能感知網絡以及智慧城市時空信息雲平台、空間信息服務平台等信息基礎設施，大力發展智慧交通、智慧能源、智慧市政、智慧社區。推進電子簽名證書互認工作，推廣電子簽名互認證書在公共服務、金融、商貿等領域應用。共同推動大灣區電子支付系統互聯互通。增強通信企業服務能力，多措並舉實現通信資費合理下降，推動降低粵港澳手機長途和漫遊費，並積極開展取消粵港澳手機長途和漫遊費的可行性研究，為智慧城市建設提供基礎支撐。

提升網絡安全保障水平。加強通信網絡、重要信息系統和數據資源保護，增強信息基礎設施可靠性，提高信息

安全保障水平。積極推動先進技術在香港、澳門、廣州、深圳等城市使用，促進保密通信技術在政府部門、金融機構等應用。建立健全網絡與信息安全信息通報預警機制，加強實時監測、通報預警、應急處置工作，構建網絡安全綜合防禦體系。

第三節　建設能源安全保障體系

優化能源供應結構。大力推進能源供給側結構性改革，優化粵港澳大灣區能源結構和佈局，建設清潔、低碳、安全、高效的能源供給體系。大力發展綠色低碳能源，加快天然氣和可再生能源利用，有序開發風能資源，因地制宜發展太陽能光伏發電、生物質能，安全高效發展核電，大力推進煤炭清潔高效利用，控制煤炭消費總量，不斷提高清潔能源比重。

強化能源儲運體系。加強周邊區域向大灣區以及大灣區城市間送電通道等主幹電網建設，完善城鎮輸配電網

絡，提高電網輸電能力和抗風險能力。加快推進珠三角大型石油儲備基地建設，統籌推進新建液化天然氣（LNG）接收站和擴大已建 LNG 接收站儲轉能力，依託國家骨幹天然氣管線佈局建設配套支線，擴大油氣管道覆蓋面，提高油氣儲備和供應能力。推進廣州、珠海等國家煤炭儲備基地建設，建成煤炭接收與中轉儲備梯級系統。研究完善廣東對香港、澳門輸電網絡、供氣管道，確保香港、澳門能源供應安全和穩定。

第四節　強化水資源安全保障

　　完善水利基礎設施。堅持節水優先，大力推進雨洪資源利用等節約水、涵養水的工程建設。實施最嚴格水資源管理制度，加快制定珠江水量調度條例，嚴格珠江水資源統一調度管理。加快推進珠三角水資源配置工程和對澳門第四供水管道建設，加強飲用水水源地和備用水源安全保障達標建設及環境風險防控工程建設，保障珠三角以及港

澳供水安全。加強粵港澳水科技、水資源合作交流。

完善水利防災減災體系。加強海堤達標加固、珠江幹支流河道崩岸治理等重點工程建設，着力完善防汛防颱風綜合防災減災體系。加強珠江河口綜合治理與保護，推進珠江三角洲河湖系統治理。強化城市內部排水系統和蓄水能力建設，建設和完善澳門、珠海、中山等防洪（潮）排澇體系，有效解決城市內澇問題。推進病險水庫和病險水閘除險加固，全面消除安全隱患。加強珠江河口水文水資源監測，共同建設災害監測預警、聯防聯控和應急調度系統，提高防洪防潮減災應急能力。

第六章

構建具有國際競爭力的現代產業體系

深化供給側結構性改革，着力培育發展新產業、新業態、新模式，支持傳統產業改造升級，加快發展先進製造業和現代服務業，瞄準國際先進標準提高產業發展水平，促進產業優勢互補、緊密協作、聯動發展，培育若干世界級產業集群。

第一節　加快發展先進製造業

增強製造業核心競爭力。圍繞加快建設製造強國，完善珠三角製造業創新發展生態體系。推動互聯網、大數據、人工智能和實體經濟深度融合，大力推進製造業轉型升級和優化發展，加強產業分工協作，促進產業鏈上下游深度合作，建設具有國際競爭力的先進製造業基地。

優化製造業佈局。提升國家新型工業化產業示範基地發展水平，以珠海、佛山為龍頭建設珠江西岸先進裝備製造產業帶，以深圳、東莞為核心在珠江東岸打造具有全

球影響力和競爭力的電子信息等世界級先進製造業產業集群。發揮香港、澳門、廣州、深圳創新研發能力強、運營總部密集以及珠海、佛山、惠州、東莞、中山、江門、肇慶等地產業鏈齊全的優勢，加強大灣區產業對接，提高協作發展水平。支持東莞等市推動傳統產業轉型升級，支持佛山深入開展製造業轉型升級綜合改革試點。支持香港在優勢領域探索「再工業化」。

　　加快製造業結構調整。推動製造業智能化發展，以機器人及其關鍵零部件、高速高精加工裝備和智能成套裝備為重點，大力發展智能製造裝備和產品，培育一批具有系統集成能力、智能裝備開發能力和關鍵部件研發生產能力的智能製造骨幹企業。支持裝備製造、汽車、石化、家用電器、電子信息等優勢產業做強做精，推動製造業從加工生產環節向研發、設計、品牌、營銷、再製造等環節延伸。加快製造業綠色改造升級，重點推進傳統製造業綠色改造、開發綠色產品，打造綠色供應鏈。大力發展再製造產業。

第二節 培育壯大戰略性新興產業

　　依託香港、澳門、廣州、深圳等中心城市的科研資源優勢和高新技術產業基礎，充分發揮國家級新區、國家自主創新示範區、國家高新區等高端要素集聚平台作用，聯合打造一批產業鏈條完善、輻射帶動力強、具有國際競爭力的戰略性新興產業集群，增強經濟發展新動能。推動新一代信息技術、生物技術、高端裝備製造、新材料等發展壯大為新支柱產業，在新型顯示、新一代通信技術、5G和移動互聯網、蛋白類等生物醫藥、高端醫學診療設備、基因檢測、現代中藥、智能機器人、3D打印、北斗衛星應用等重點領域培育一批重大產業項目。圍繞信息消費、新型健康技術、海洋工程裝備、高技術服務業、高性能集成電路等重點領域及其關鍵環節，實施一批戰略性新興產業重大工程。培育壯大新能源、節能環保、新能源汽車等產業，形成以節能環保技術研發和總部基地為核心的產業集聚帶。發揮龍頭企業帶動作用，積極發展數字經濟和

共享經濟，促進經濟轉型升級和社會發展。促進地區間動漫遊戲、網絡文化、數字文化裝備、數字藝術展示等數字創意產業合作，推動數字創意在會展、電子商務、醫療衞生、教育服務、旅遊休閒等領域應用。

第三節　加快發展現代服務業

建設國際金融樞紐。發揮香港在金融領域的引領帶動作用，鞏固和提升香港國際金融中心地位，打造服務「一帶一路」建設的投融資平台。支持廣州完善現代金融服務體系，建設區域性私募股權交易市場，建設產權、大宗商品區域交易中心，提升國際化水平。支持深圳依規發展以深圳證券交易所為核心的資本市場，加快推進金融開放創新。支持澳門打造中國－葡語國家金融服務平台，建立出口信用保險制度，建設成為葡語國家人民幣清算中心，發揮中葡基金總部落戶澳門的優勢，承接中國與葡語國家

金融合作服務。研究探索建設澳門－珠海跨境金融合作示範區。

大力發展特色金融產業。支持香港打造大灣區綠色金融中心，建設國際認可的綠色債券認證機構。支持廣州建設綠色金融改革創新試驗區，研究設立以碳排放為首個品種的創新型期貨交易所。支持澳門發展租賃等特色金融業務，探索與鄰近地區錯位發展，研究在澳門建立以人民幣計價結算的證券市場、綠色金融平台、中葡金融服務平台。支持深圳建設保險創新發展試驗區，推進深港金融市場互聯互通和深澳特色金融合作，開展科技金融試點，加強金融科技載體建設。支持珠海等市發揮各自優勢，發展特色金融服務業。在符合法律法規及監管要求的前提下，支持粵港澳保險機構合作開發創新型跨境機動車保險和跨境醫療保險產品，為跨境保險客戶提供便利化承保、查勘、理賠等服務。

有序推進金融市場互聯互通。逐步擴大大灣區內人民幣跨境使用規模和範圍。大灣區內的銀行機構可按照相關規定開展跨境人民幣拆借、人民幣即遠期外匯交易業務

以及與人民幣相關衍生品業務、理財產品交叉代理銷售業務。大灣區內的企業可按規定跨境發行人民幣債券。擴大香港與內地居民和機構進行跨境投資的空間，穩步擴大兩地居民投資對方金融產品的渠道。在依法合規前提下，有序推動大灣區內基金、保險等金融產品跨境交易，不斷豐富投資產品類別和投資渠道，建立資金和產品互通機制。支持香港機構投資者按規定在大灣區募集人民幣資金投資香港資本市場，參與投資境內私募股權投資基金和創業投資基金。支持香港開發更多離岸人民幣、大宗商品及其他風險管理工具。支持內地與香港、澳門保險機構開展跨境人民幣再保險業務。不斷完善「滬港通」、「深港通」和「債券通」。支持符合條件的港澳銀行、保險機構在深圳前海、廣州南沙、珠海橫琴設立經營機構。建立粵港澳大灣區金融監管協調溝通機制，加強跨境金融機構監管和資金流動監測分析合作。完善粵港澳反洗錢、反恐怖融資、反逃稅監管合作和信息交流機制。建立和完善系統性風險預警、防範和化解體系，共同維護金融系統安全。

　　構建現代服務業體系。聚焦服務業重點領域和發展短

板，促進商務服務、流通服務等生產性服務業向專業化和價值鏈高端延伸發展，健康服務、家庭服務等生活性服務業向精細和高品質轉變，以航運物流、旅遊服務、文化創意、人力資源服務、會議展覽及其他專業服務等為重點，構建錯位發展、優勢互補、協作配套的現代服務業體系。推進粵港澳物流合作發展，大力發展第三方物流和冷鏈物流，提高供應鏈管理水平，建設國際物流樞紐。支持澳門加快建設葡語國家食品集散中心。推動粵港澳深化工業設計合作，促進工業設計成果產業化。深化粵港澳文化創意產業合作，有序推進市場開放。充分發揮香港影視人才優勢，推動粵港澳影視合作，加強電影投資合作和人才交流，支持香港成為電影電視博覽樞紐。鞏固提升香港作為國際高端會議展覽及採購中心的地位，支持澳門培育一批具有國際影響力的會議展覽品牌。深化落實內地與香港、澳門關於建立更緊密經貿關係的安排（CEPA）對港澳服務業開放措施，鼓勵粵港澳共建專業服務機構，促進會計審計、法律及爭議解決服務、管理諮詢、檢驗檢測認證、知識產權、建築及相關工程等專業服務發展。支持大灣區

企業使用香港的檢驗檢測認證等服務。

第四節　大力發展海洋經濟

　　堅持陸海統籌、科學開發，加強粵港澳合作，拓展藍色經濟空間，共同建設現代海洋產業基地。強化海洋觀測、監測、預報和防災減災能力，提升海洋資源開發利用水平。優化海洋開發空間佈局，與海洋功能區劃、土地利用總體規劃相銜接，科學統籌海岸帶（含海島地區）、近海海域、深海海域利用。構建現代海洋產業體系，優化提升海洋漁業、海洋交通運輸、海洋船舶等傳統優勢產業，培育壯大海洋生物醫藥、海洋工程裝備製造、海水綜合利用等新興產業，集中集約發展臨海石化、能源等產業，加快發展港口物流、濱海旅遊、海洋信息服務等海洋服務業，加強海洋科技創新平台建設，促進海洋科技創新和成果高效轉化。支持香港發揮海洋經濟基礎領域創新研究優勢。在保障珠江河口水域泄洪納潮安全的前提下，支持澳

門科學編製實施海域中長期發展規劃，進一步發展海上旅遊、海洋科技、海洋生物等產業。支持深圳建設全球海洋中心城市。支持粵港澳通過加強金融合作推進海洋經濟發展，探索在境內外發行企業海洋開發債券，鼓勵產業（股權）投資基金投資海洋綜合開發企業和項目，依託香港高增值海運和金融服務的優勢，發展海上保險、再保險及船舶金融等特色金融業。

第七章

――――――――――――

推進生態文明建設

　　牢固樹立和踐行綠水青山就是金山銀山的理念，像對待生命一樣對待生態環境，實行最嚴格的生態環境保護制度。堅持節約優先、保護優先、自然恢復為主的方針，以建設美麗灣區為引領，着力提升生態環境質量，形成節約資源和保護環境的空間格局、產業結構、生產方式、生活方式，實現綠色低碳循環發展，使大灣區天更藍、山更綠、水更清、環境更優美。

第一節　打造生態防護屏障

　　實施重要生態系統保護和修復重大工程，構建生態廊道和生物多樣性保護網絡，提升生態系統質量和穩定性。劃定並嚴守生態保護紅線，強化自然生態空間用途管制。加強珠三角周邊山地、丘陵及森林生態系統保護，建設北部連綿山體森林生態屏障。加強海岸線保護與管控，強化岸線資源保護和自然屬性維護，建立健全海岸線動態監測機制。強化近岸海域生態系統保護與修復，開展水生生物

增殖放流，推進重要海洋自然保護區及水產種質資源保護
區建設與管理。推進「藍色海灣」整治行動、保護沿海紅
樹林，建設沿海生態帶。加強粵港澳生態環境保護合作，
共同改善生態環境系統。加強濕地保護修復，全面保護區
域內國際和國家重要濕地，開展濱海濕地跨境聯合保護。

第二節　加強環境保護和治理

開展珠江河口區域水資源、水環境及涉水項目管理
合作，重點整治珠江東西兩岸污染，規範入河（海）排污
口設置，強化陸源污染排放項目、涉水項目和岸線、灘
塗管理。加強海洋資源環境保護，更加重視以海定陸，加
快建立入海污染物總量控制制度和海洋環境實時在線監控
系統。實施東江、西江及珠三角河網區污染物排放總量控
制，保障水功能區水質達標。加強東江、西江、北江等重
要江河水環境保護和水生生物資源養護，強化深圳河等重
污染河流系統治理，推進城市黑臭水體環境綜合整治，貫

通珠江三角洲水網,構建全區域綠色生態水網。強化區域大氣污染聯防聯控,實施更嚴格的清潔航運政策,實施多污染物協同減排,統籌防治臭氧和細顆粒物(PM_{2.5})污染。實施珠三角九市空氣質量達標管理。加強危險廢物區域協同處理處置能力建設,強化跨境轉移監管,提升固體廢物無害化、減量化、資源化水平。開展粵港澳土壤治理修復技術交流與合作,積極推進受污染土壤的治理與修復示範,強化受污染耕地和污染地塊安全利用,防控農業面源污染,保障農產品質量和人居環境安全。建立環境污染「黑名單」制度,健全環保信用評價、信息強制性披露、嚴懲重罰等制度。着力解決人民群眾關心的環境保護歷史遺留問題。

第三節 創新綠色低碳發展模式

挖掘溫室氣體減排潛力,採取積極措施,主動適應氣

候變化。加強低碳發展及節能環保技術的交流合作，進一步推廣清潔生產技術。推進低碳試點示範，實施近零碳排放區示範工程，加快低碳技術研發。推動大灣區開展綠色低碳發展評價，力爭碳排放早日達峰，建設綠色發展示範區。推動製造業智能化綠色化發展，採用先進適用節能低碳環保技術改造提升傳統產業，加快構建綠色產業體系。推進能源生產和消費革命，構建清潔低碳、安全高效的能源體系。推進資源全面節約和循環利用，實施國家節水行動，降低能耗、物耗，實現生產系統和生活系統循環鏈接。實行生產者責任延伸制度，推動生產企業切實落實廢棄產品回收責任。培育發展新興服務業態，加快節能環保與大數據、互聯網、物聯網的融合。廣泛開展綠色生活行動，推動居民在衣食住行遊等方面加快向綠色低碳、文明健康的方式轉變。加強城市綠道、森林濕地步道等公共慢行系統建設，鼓勵低碳出行。推廣碳普惠制試點經驗，推動粵港澳碳標籤互認機制研究與應用示範。

第八章

建設宜居宜業宜遊的
優質生活圈

　　堅持以人民為中心的發展思想，積極拓展粵港澳大灣區在教育、文化、旅遊、社會保障等領域的合作，共同打造公共服務優質、宜居宜業宜遊的優質生活圈。

第一節　打造教育和人才高地

　　推動教育合作發展。支持粵港澳高校合作辦學，鼓勵聯合共建優勢學科、實驗室和研究中心。充分發揮粵港澳高校聯盟的作用，鼓勵三地高校探索開展相互承認特定課程學分、實施更靈活的交換生安排、科研成果分享轉化等方面的合作交流。支持大灣區建設國際教育示範區，引進世界知名大學和特色學院，推進世界一流大學和一流學科建設。鼓勵港澳青年到內地學校就讀，對持港澳居民來往內地通行證在內地就讀的學生，實行與內地學生相同的交通、旅遊門票等優惠政策。推進粵港澳職業教育在招生就業、培養培訓、師生交流、技能競賽等方面的合作，創新內地與港澳合作辦學方式，支持各類職業教育實訓基

地交流合作，共建一批特色職業教育園區。支持澳門建設中葡雙語人才培訓基地，發揮澳門旅遊教育培訓和旅遊發展經驗優勢，建設粵港澳大灣區旅遊教育培訓基地。加強基礎教育交流合作，鼓勵粵港澳三地中小學校結為「姊妹學校」，在廣東建設港澳子弟學校或設立港澳兒童班並提供寄宿服務。研究探索三地幼兒園締結「姊妹園」。研究開放港澳中小學教師、幼兒教師到廣東考取教師資格並任教。加強學校建設，擴大學位供給，進一步完善跨區域就業人員隨遷子女就學政策，推動實現平等接受學前教育、義務教育和高中階段教育，確保符合條件的隨遷子女順利在流入地參加高考。研究賦予在珠三角九市工作生活並符合條件的港澳居民子女與內地居民同等接受義務教育和高中階段教育的權利。支持各級各類教育人才培訓交流。

建設人才高地。支持珠三角九市借鑒港澳吸引國際高端人才的經驗和做法，創造更具吸引力的引進人才環境，實行更積極、更開放、更有效的人才引進政策，加快建設粵港澳人才合作示範區。在技術移民等方面先行先試，開展外籍創新人才創辦科技型企業享受國民待遇試點。支

持大灣區建立國家級人力資源服務產業園。建立緊缺人才清單制度，定期發佈緊缺人才需求，拓寬國際人才招攬渠道。完善外籍高層次人才認定標準，暢通人才申請永久居留的市場化渠道，為外籍高層次人才在華工作、生活提供更多便利。完善國際化人才培養模式，加強人才國際交流合作，推進職業資格國際互認。完善人才激勵機制，健全人才雙向流動機制，為人才跨地區、跨行業、跨體制流動提供便利條件，充分激發人才活力。支持澳門加大創新型人才和專業服務人才引進力度，進一步優化提升人才結構。探索採用法定機構或聘任制等形式，大力引進高層次、國際化人才參與大灣區的建設和管理。

第二節　共建人文灣區

塑造灣區人文精神。堅定文化自信，共同推進中華優秀傳統文化傳承發展，發揮粵港澳地域相近、文脈相親的優勢，聯合開展跨界重大文化遺產保護，合作舉辦各類文

化遺產展覽、展演活動，保護、宣傳、利用好灣區內的文物古跡、世界文化遺產和非物質文化遺產，支持弘揚以粵劇、龍舟、武術、醒獅等為代表的嶺南文化，彰顯獨特文化魅力。增強大灣區文化軟實力，進一步提升居民文化素養與社會文明程度，共同塑造和豐富灣區人文精神內涵。吸收中華優秀傳統文化精華，大力弘揚廉潔修身、勤勉盡責的廉潔文化，形成崇廉尚潔的良好社會氛圍，共同維護向善向上的清風正氣，構建親清新型政商關係，推動廉潔化風成俗。

共同推動文化繁榮發展。完善大灣區內公共文化服務體系和文化創意產業體系，培育文化人才，打造文化精品，繁榮文化市場，豐富居民文化生活。推進大灣區新聞出版廣播影視產業發展；加強國家音樂產業基地建設，推動音樂產業發展。加強大灣區藝術院團、演藝學校及文博機構交流，支持博物館合作策展，便利藝術院團在大灣區內跨境演出。支持新建香港故宮文化博物館、西九文化區戲曲中心等重點文化項目，增強香港中西合璧的城市文化魅力。支持香港通過國際影視展、香港書展和設計營商周

等具有國際影響力的活動，匯聚創意人才，鞏固創意之都地位。支持深圳引進世界高端創意設計資源，大力發展時尚文化產業。支持香港、澳門、廣州、佛山（順德）弘揚特色飲食文化，共建世界美食之都。共同推進大灣區體育事業和體育產業發展，聯合打造一批國際性、區域性品牌賽事。推進馬匹運動及相關產業發展，加強香港與內地在馬匹、飼草飼料、獸藥、生物製品等進出境檢驗檢疫和通關等方面的合作。

加強粵港澳青少年交流。支持「粵港澳青年文化之旅」、香港「青年內地交流資助計劃」和澳門「千人計劃」等重點項目實施，促進大灣區青少年交流合作。在大灣區為青年人提供創業、就業、實習和志願工作等機會，推動青年人交往交流、交心交融，支持港澳青年融入國家、參與國家建設。強化內地和港澳青少年的愛國教育，加強憲法和基本法、國家歷史、民族文化的教育宣傳。開展青少年研學旅遊合作，共建一批研學旅遊示範基地。鼓勵舉辦大灣區青年高峰論壇。

推動中外文化交流互鑒。發揮大灣區中西文化長期

交匯共存等綜合優勢，促進中華文化與其他文化的交流合作，創新人文交流方式，豐富文化交流內容，提高文化交流水平。支持廣州建設嶺南文化中心和對外文化交流門戶，擴大嶺南文化的影響力和輻射力。支持中山深度挖掘和弘揚孫中山文化資源。支持江門建設華僑華人文化交流合作重要平台。支持澳門發揮東西方多元文化長期交融共存的特色，加快發展文化產業和文化旅遊，建設中國與葡語國家文化交流中心。鼓勵香港發揮中西方文化交流平台作用，弘揚中華優秀傳統文化。

第三節　構築休閒灣區

推進大灣區旅遊發展，依託大灣區特色優勢及香港國際航運中心的地位，構建文化歷史、休閒度假、養生保健、郵輪遊艇等多元旅遊產品體系，豐富粵港澳旅遊精品路線，開發高鐵「一程多站」旅遊產品，建設粵港澳大灣區世界級旅遊目的地。優化珠三角地區「144 小時過境

免簽」政策，便利外國人在大灣區旅遊觀光。支持香港成為國際城市旅遊樞紐及「一程多站」示範核心區，建設多元旅遊平台。支持澳門建設世界旅遊休閒中心，在澳門成立大灣區城市旅遊合作聯盟，推進粵港澳共享區域旅遊資源，構建大灣區旅遊品牌，研發具有創意的旅遊產品，共同拓展旅遊客源市場，推動旅遊休閒提質升級。有序推動香港、廣州、深圳國際郵輪港建設，進一步增加國際班輪航線，探索研究簡化郵輪、遊艇及旅客出入境手續。逐步簡化及放寬內地郵輪旅客的證件安排，研究探索內地郵輪旅客以過境方式赴港參與全部郵輪航程。推動粵港澳遊艇自由行有效實施，加快完善軟硬件設施，共同開發高端旅遊項目。探索在合適區域建設國際遊艇旅遊自由港。支持澳門與鄰近城市探索發展國際遊艇旅遊，合作開發跨境旅遊產品，發展面向國際的郵輪市場。支持珠三角城市建設國家全域旅遊示範區。促進濱海旅遊業高品質發展，加快「海洋—海島—海岸」旅遊立體開發，完善濱海旅遊基礎設施與公共服務體系。探索以旅遊等服務業為主體功能的無居民海島整島開發方式。建設貫通潮州到湛江並連接港

澳的濱海景觀公路，推動形成連通港澳的濱海旅遊發展軸線，建設一批濱海特色風情小鎮。探索開通澳門與鄰近城市、島嶼的旅遊路線，探索開通香港－深圳－惠州－汕尾海上旅遊航線。

第四節　拓展就業創業空間

完善區域公共就業服務體系，建設公共就業綜合服務平台，完善有利於港澳居民特別是內地學校畢業的港澳學生在珠三角九市就業生活的政策措施，擴寬港澳居民就業創業空間。鼓勵港澳居民中的中國公民依法擔任內地國有企事業單位職務，研究推進港澳居民中的中國公民依法報考內地公務員工作。在深圳前海、廣州南沙、珠海橫琴建立港澳創業就業試驗區，試點允許取得建築及相關工程諮詢等港澳相應資質的企業和專業人士為內地市場主體直接提供服務，並逐步推出更多試點項目及開放措施。支持港澳青年和中小微企業在內地發展，將符合條件的港澳創業

者納入當地創業補貼扶持範圍，積極推進深港青年創新創業基地、前海深港青年夢工場、南沙粵港澳（國際）青年創新工場、中山粵港澳青年創新創業合作平台、中國（江門、增城）「僑夢苑」華僑華人創新產業聚集區、東莞松山湖（生態園）港澳青年創新創業基地、惠州仲愷港澳青年創業基地等港澳青年創業就業基地建設。實施「粵港暑期實習計劃」、「粵澳暑期實習計劃」和「澳門青年到深圳實習及就業項目」，鼓勵港澳青年到廣東省實習就業。支持香港通過「青年發展基金」等幫助香港青年在大灣區創業就業。支持澳門建設中國與葡語國家青年創新創業交流中心。支持舉辦粵港、粵澳勞動監察合作會議和執法培訓班。

第五節　塑造健康灣區

密切醫療衞生合作。推動優質醫療衞生資源緊密合作，支持港澳醫療衞生服務提供主體在珠三角九市按規定

以獨資、合資或合作等方式設置醫療機構，發展區域醫療聯合體和區域性醫療中心。支持中山推進生物醫療科技創新。深化中醫藥領域合作，支持澳門、香港分別發揮中藥質量研究國家重點實驗室伙伴實驗室和香港特別行政區政府中藥檢測中心優勢，與內地科研機構共同建立國際認可的中醫藥產品質量標準，推進中醫藥標準化、國際化。支持粵澳合作中醫藥科技產業園開展中醫藥產品海外註冊公共服務平台建設，發展健康產業，提供優質醫療保健服務，推動中醫藥海外發展。加強醫療衛生人才聯合培養和交流，開展傳染病聯合會診，鼓勵港澳醫務人員到珠三角九市開展學術交流和私人執業醫務人員短期執業。研究開展非急重病人跨境陸路轉運服務，探索在指定公立醫院開展跨境轉診合作試點。完善緊急醫療救援聯動機制。推進健康城市、健康村鎮建設。

　　加強食品食用農產品安全合作。完善港澳與內地間的食品原產地可追溯制度，提高大灣區食品安全監管信息化水平。加強粵港澳食品安全合作，提升區域食品安全保障水平，建立健全食品安全信息通報案件查處和食品安全

事故應急聯動機制，建立食品安全風險交流與信息發佈制度。保障內地供港澳食品安全，支持港澳參與廣東出口食品農產品質量安全示範區和「信譽農場」建設，高水平打造惠州粵港澳綠色農產品生產供應基地、肇慶（懷集）綠色農副產品集散基地。

第六節　促進社會保障和社會治理合作

推進社會保障合作。探索推進在廣東工作和生活的港澳居民在教育、醫療、養老、住房、交通等民生方面享有與內地居民同等的待遇。加強跨境公共服務和社會保障的銜接，探索澳門社會保險在大灣區內跨境使用，提高香港長者社會保障措施的可攜性。研究建立粵港澳跨境社會救助信息系統，開展社會福利和慈善事業合作。鼓勵港澳與內地社會福利界加強合作，推進社會工作領域職業資格互認，加強粵港澳社工的專業培訓交流。深化養老服務合

作，支持港澳投資者在珠三角九市按規定以獨資、合資或合作等方式興辦養老等社會服務機構，為港澳居民在廣東養老創造便利條件。推進醫養結合，建設一批區域性健康養老示範基地。

　　深化社會治理合作。深入推進依法行政，加強大灣區廉政機制協同，打造優質高效廉潔政府，提升政府服務效率和群眾獲得感。在珠三角九市港澳居民比較集中的城鄉社區，有針對性地拓展社區綜合服務功能，為港澳居民提供及時、高效、便捷的社會服務。嚴格依照憲法和基本法辦事，在尊重各自管轄權的基礎上，加強粵港澳司法協助。建立社會治安治理聯動機制，強化矛盾糾紛排查預警和案件應急處置合作，聯合打擊偷渡行為，更大力度打擊跨境犯罪活動，統籌應對傳統和非傳統安全威脅。完善突發事件應急處置機制，建立粵港澳大灣區應急協調平台，聯合制定事故災難、自然災害、公共衛生事件、公共安全事件等重大突發事件應急預案，不定期開展應急演練，提高應急合作能力。

第九章

緊密合作共同參與「一帶一路」建設

　　深化粵港澳合作，進一步優化珠三角九市投資和營商環境，提升大灣區市場一體化水平，全面對接國際高標準市場規則體系，加快構建開放型經濟新體制，形成全方位開放格局，共創國際經濟貿易合作新優勢，為「一帶一路」建設提供有力支撐。

第一節　打造具有全球競爭力的營商環境

　　發揮香港、澳門的開放平台與示範作用，支持珠三角九市加快建立與國際高標準投資和貿易規則相適應的制度規則，發揮市場在資源配置中的決定性作用，減少行政干預，加強市場綜合監管，形成穩定、公平、透明、可預期的一流營商環境。加快轉變政府職能，深化「放管服」改革，完善對外資實行准入前國民待遇加負面清單管理模式，深化商事制度改革，加強事中事後監管。加強粵港澳司法交流與協作，推動建立共商、共建、共享的多元化糾

紛解決機制，為粵港澳大灣區建設提供優質、高效、便捷的司法服務和保障，着力打造法治化營商環境。完善國際商事糾紛解決機制，建設國際仲裁中心，支持粵港澳仲裁及調解機構交流合作，為粵港澳經濟貿易提供仲裁及調解服務。創新「互聯網＋政務服務」模式，加快清理整合分散、獨立的政務信息系統，打破「信息孤島」，提高行政服務效率。探索把具備條件的行業服務管理職能適當交由社會組織承擔，建立健全行業協會法人治理結構。充分發揮行業協會商會在制定技術標準、規範行業秩序、開拓國際市場、應對貿易摩擦等方面的積極作用。加快珠三角九市社會信用體系建設，借鑒港澳信用建設經驗成果，探索依法對區域內企業聯動實施信用激勵和失信懲戒措施。

第二節　提升市場一體化水平

推進投資便利化。落實內地與香港、澳門 CEPA 系

列協議，推動對港澳在金融、教育、法律及爭議解決、航運、物流、鐵路運輸、電信、中醫藥、建築及相關工程等領域實施特別開放措施，研究進一步取消或放寬對港澳投資者的資質要求、持股比例、行業准入等限制，在廣東為港澳投資者和相關從業人員提供一站式服務，更好落實CEPA框架下對港澳開放措施。提升投資便利化水平。在CEPA框架下研究推出進一步開放措施，使港澳專業人士與企業在內地更多領域從業投資營商享受國民待遇。

推動貿易自由化。加快國際貿易單一窗口建設，推進口岸監管部門間信息互換、監管互認、執法互助。研究優化相關管理措施，進一步便利港澳企業拓展內地市場。支持廣州南沙建設全球進出口商品質量溯源中心。加快推進市場採購貿易方式試點。落實內地與香港、澳門CEPA服務貿易協議，進一步減少限制條件，不斷提升內地與港澳服務貿易自由化水平。有序推進制定與國際接軌的服務業標準化體系，促進粵港澳在與服務貿易相關的人才培養、資格互認、標準制定等方面加強合作。擴大內地與港澳專業資格互認範圍，拓展「一試三證」（一次考試可獲得國

家職業資格認證、港澳認證及國際認證）範圍，推動內地與港澳人員跨境便利執業。

促進人員貨物往來便利化。通過電子化、信息化等手段，不斷提高港澳居民來往內地通行證使用便利化水平。研究為符合條件的珠三角九市人員赴港澳開展商務、科研、專業服務等提供更加便利的簽注安排。統籌研究外國人在粵港澳大灣區內的便利通行政策和優化管理措施。加強內地與港澳口岸部門協作，擴展和完善口岸功能，依法推動在粵港澳口岸實施更便利的通關模式，研究在條件允許的情況下主要陸路口岸增加旅客出入境自助查驗通道，進一步便利港澳與內地居民往來。研究制定港澳與內地車輛通行政策和配套交通管理措施，促進交通物流發展。進一步完善澳門單牌機動車便利進出橫琴的政策措施，研究擴大澳門單牌機動車在內地行駛範圍；研究制定香港單牌機動車進入內地行駛的政策措施；完善粵港、粵澳兩地牌機動車管理政策措施，允許兩地牌機動車通過多個口岸出入境。

第三節　攜手擴大對外開放

打造「一帶一路」建設重要支撐區。支持粵港澳加強合作，共同參與「一帶一路」建設，深化與相關國家和地區基礎設施互聯互通、經貿合作及人文交流。簽署實施支持香港、澳門全面參與和助力「一帶一路」建設安排，建立長效協調機制，推動落實重點任務。強化香港全球離岸人民幣業務樞紐地位，支持澳門以適當方式與絲路基金、中拉產能合作投資基金、中非產能合作基金和亞洲基礎設施投資銀行（以下簡稱亞投行）開展合作。支持香港成為解決「一帶一路」建設項目投資和商業爭議的服務中心。支持香港、澳門舉辦與「一帶一路」建設主題相關的各類論壇或博覽會，打造港澳共同參與「一帶一路」建設的重要平台。

全面參與國際經濟合作。依託港澳的海外商業網絡和海外運營經驗優勢，推動大灣區企業聯手走出去，在國際產能合作中發揮重要引領作用。積極引導華僑華人參與大

灣區建設，更好發揮華僑華人、歸僑僑眷以及港澳居民的紐帶作用，增進與相關國家和地區的人文交流。加強與世界主要經濟體聯繫，吸引發達國家先進製造業、現代服務業和戰略性新興產業投資，吸引跨國公司總部和國際組織總部落戶大灣區。加快引進國際先進技術、管理經驗和高素質人才，支持跨國公司在大灣區內設立全球研發中心、實驗室和開放式創新平台，提升大灣區對全球資源的配置能力。加強粵港澳港口國際合作，與相關國家和地區共建港口產業園區，建設區域性港口聯盟。充分發揮港澳在國家對外開放中的特殊地位與作用，支持香港、澳門依法以「中國香港」、「中國澳門」名義或者其他適當形式，對外簽署自由貿易協定和參加有關國際組織，支持香港在亞投行運作中發揮積極作用，支持澳門在符合條件的情況下加入亞投行，支持絲路基金及相關金融機構在香港、澳門設立分支機構。

攜手開拓國際市場。充分發揮港澳對外貿易聯繫廣泛的作用，探索粵港澳共同拓展國際發展空間新模式。鼓勵

粵港澳三地企業合作開展綠地投資、實施跨國兼併收購和共建產業園區，支持港澳企業與境外經貿合作區對接，共同開拓國際市場，帶動大灣區產品、設備、技術、標準、檢驗檢測認證和管理服務等走出去。發揮港澳在財務、設計、法律及爭議解決、管理諮詢、項目策劃、人才培訓、海運服務、建築及相關工程等方面國際化專業服務優勢，擴展和優化國際服務網絡，為企業提供諮詢和信息支持。發揮香港國際金融中心作用，為內地企業走出去提供投融資和諮詢等服務。支持內地企業在香港設立資本運作中心及企業財資中心，開展融資、財務管理等業務，提升風險管控水平。支持香港與佛山開展離岸貿易合作。支持搭建「一帶一路」共用項目庫。加強內地與港澳駐海外機構的信息交流，聯合開展投資貿易環境推介和項目服務，助力三地聯合開展引進來和走出去工作。發揮澳門與葡語國家的聯繫優勢，依託中國與葡語國家商貿合作服務平台，辦好中國－葡語國家經貿合作論壇（澳門），更好發揮中葡合作發展基金作用，為內地和香港企業與葡語國家之間的

貿易投資、產業及區域合作、人文及科技交流等活動提供金融、法律、信息等專業服務，聯手開拓葡語國家和其他地區市場。

第十章

共建粵港澳
合作發展平台

加快推進深圳前海、廣州南沙、珠海橫琴等重大平台開發建設，充分發揮其在進一步深化改革、擴大開放、促進合作中的試驗示範作用，拓展港澳發展空間，推動公共服務合作共享，引領帶動粵港澳全面合作。

第一節　優化提升深圳前海深港現代服務業合作區功能

強化前海合作發展引擎作用。適時修編前海深港現代服務業合作區總體發展規劃，研究進一步擴展前海發展空間，並在新增範圍內實施前海有關支持政策。聯動香港構建開放型、創新型產業體系，加快邁向全球價值鏈高端。推進金融開放創新，拓展離岸賬戶（OSA）功能，借鑒上海自貿試驗區自由貿易賬戶體系（FTA），積極探索資本項目可兌換的有效路徑。支持香港交易所前海聯合交易中心建成服務境內外客戶的大宗商品現貨交易平台，探索服務實體經濟的新模式。加強深港綠色金融和金融科技合

作。建設跨境經貿合作網絡服務平台，助力企業走出去開拓國際市場。建設新型國際貿易中心，發展離岸貿易，打造貨權交割地。建設國際高端航運服務中心，發展航運金融等現代航運服務業。建設離岸創新創業平台，允許科技企業區內註冊、國際經營。支持在有條件的海關特殊監管區域開展保稅研發業務。建設國際文化創意基地，探索深港文化創意合作新模式。

　　加強法律事務合作。合理運用經濟特區立法權，加快構建適應開放型經濟發展的法律體系，加強深港司法合作交流。加快法律服務業發展，鼓勵支持法律服務機構為「一帶一路」建設和內地企業走出去提供服務，深化粵港澳合伙聯營律師事務所試點，研究港澳律師在珠三角九市執業資質和業務範圍問題，構建多元化爭議解決機制，聯動香港打造國際法律服務中心和國際商事爭議解決中心。實行嚴格的知識產權保護，強化知識產權行政保護，更好發揮知識產權法庭作用。

　　建設國際化城市新中心。支持在深圳前海設立口岸，研究加強與香港基礎設施高效聯通。擴大香港工程建設模

式實施範圍，推出更多對香港建築及相關工程業界的開放措施。借鑒香港經驗提升城市建設和營運管理水平，建設國際一流的森林城市，突出水城共融城市特色，打造可持續發展的綠色智慧生態城區。引進境內外高端教育、醫療資源，提供國際化高品質社會服務。支持國際金融機構在深圳前海設立分支機構。

第二節　打造廣州南沙粵港澳全面合作示範區

攜手港澳建設高水平對外開放門戶。充分發揮國家級新區和自貿試驗區優勢，加強與港澳全面合作，加快建設大灣區國際航運、金融和科技創新功能的承載區，成為高水平對外開放門戶。合理統籌解決廣州南沙新增建設用地規模，調整優化城市佈局和空間結構，強化與周邊地區在城市規劃、綜合交通、公共服務設施等方面的一體化銜接，構建「半小時交通圈」。支持廣州南沙與港澳合作建設中國企業走出去綜合服務基地和國際交流平台，建設我

國南方重要的對外開放窗口。

共建創新發展示範區。強化粵港澳聯合科技創新，共同將廣州南沙打造為華南科技創新成果轉化高地，積極佈局新一代信息技術、人工智能、生命健康、海洋科技、新材料等科技前沿領域，培育發展平台經濟、共享經濟、體驗經濟等新業態。支持粵港澳三地按共建共享原則，在廣州南沙規劃建設粵港產業深度合作園，探索建設粵澳合作葡語國家產業園，合作推進園區規劃、建設、開發等重大事宜。在內地管轄權和法律框架下，營造高標準的國際化市場化法治化營商環境，提供與港澳相銜接的公共服務和社會管理環境，為港澳產業轉型升級、居民就業生活提供新空間。

建設金融服務重要平台。強化金融服務實體經濟的本源，着力發展航運金融、科技金融、飛機船舶租賃等特色金融。支持與港澳金融機構合作，按規定共同發展離岸金融業務，探索建設國際航運保險等創新型保險要素交易平台。研究探索在廣東自貿試驗區內設立粵港澳大灣區國際商業銀行，服務大灣區建設發展。探索建立與粵港澳大灣

區發展相適應的賬戶管理體系，在跨境資金管理、人民幣跨境使用、資本項目可兌換等方面先行先試，促進跨境貿易、投融資結算便利化。

打造優質生活圈。高標準推進廣州南沙城市規劃建設，強化生態核心競爭力，彰顯嶺南文化、水鄉文化和海洋文化特色，建設國際化城市。積極探索有利於人才發展的政策和機制，加快創建國際化人才特區。提升社會服務水平，為區內居民提供更加便利的條件。

第三節　推進珠海橫琴粵港澳深度合作示範

建設粵港澳深度合作示範區。配合澳門建設世界旅遊休閒中心，高水平建設珠海橫琴國際休閒旅遊島，統籌研究旅客往來橫琴和澳門的便利措施，允許澳門旅遊從業人員到橫琴提供相關服務。支持橫琴與珠海保稅區、洪灣片區聯動發展，建設粵港澳物流園。加快推進橫琴澳門青年創業谷和粵澳合作產業園等重大合作項目建設，研究建設

粵澳信息港。支持粵澳合作中醫藥科技產業園發展，探索加強與國家中醫藥現代化科技產業創新聯盟的合作，在符合相關法律法規前提下，為園區內的企業新藥研發、審批等提供指導。探索符合條件的港澳和外籍醫務人員直接在橫琴執業。

加強民生合作。支持珠海和澳門在橫琴合作建設集養老、居住、教育、醫療等功能於一體的綜合民生項目，探索澳門醫療體系及社會保險直接適用並延伸覆蓋至該項目。在符合橫琴城市規劃建設基本要求的基礎上，探索實行澳門的規劃及工程監管機制，由澳門專業人士和企業參與民生項目開發和管理。研究設立為澳門居民在橫琴治病就醫提供保障的醫療基金。研究在橫琴設立澳門子弟學校。

加強對外開放合作。支持橫琴與澳門聯手打造中拉經貿合作平台，搭建內地與「一帶一路」相關國家和地區的國際貿易通道，推動跨境交付、境外消費、自然人移動、商業存在等服務貿易模式創新。支持橫琴為澳門發展跨境電商產業提供支撐，推動葡語國家產品經澳門更加便捷進

入內地市場。研究將外國人簽證居留證件簽發權限下放至橫琴。

第四節　發展特色合作平台

支持珠三角九市發揮各自優勢，與港澳共建各類合作園區，拓展經濟合作空間，實現互利共贏。支持落馬洲河套港深創新及科技園和毗鄰的深方科創園區建設，共同打造科技創新合作區，建立有利於科技產業創新的國際化營商環境，實現創新要素便捷有效流動。支持江門與港澳合作建設大廣海灣經濟區，拓展在金融、旅遊、文化創意、電子商務、海洋經濟、職業教育、生命健康等領域合作。加快江門銀湖灣濱海地區開發，形成國際節能環保產業集聚地以及面向港澳居民和世界華僑華人的引資引智創業創新平台。推進澳門和中山在經濟、社會、文化等方面深度合作，拓展澳門經濟適度多元發展新空間。支持東莞與香港合作開發建設東莞濱海灣地區，集聚高端製造業總部、

發展現代服務業，建設戰略性新興產業研發基地。支持佛山南海推動粵港澳高端服務合作，搭建粵港澳市場互聯、人才信息技術等經濟要素互通的橋樑。

第十一章

規劃實施

第一節 加強組織領導

加強對規劃實施的統籌指導,設立粵港澳大灣區建設領導小組,研究解決大灣區建設中政策實施、項目安排、體制機制創新、平台建設等方面的重大問題。廣東省政府和香港、澳門特別行政區政府要加強溝通協商,穩步落實《深化粵港澳合作推進大灣區建設框架協議》與本規劃確定的目標和任務。鼓勵大灣區城市間開展多種形式的合作交流,共同推進大灣區建設。

第二節 推動重點工作

中央有關部門要結合自身職能,抓緊制定支持大灣區發展的具體政策和措施,與廣東省政府和香港、澳門特別行政區政府加強溝通,堅持用法治化市場化方式協調解決大灣區合作發展中的問題。廣東省政府和香港、澳門特別

行政區政府要在相互尊重的基礎上，積極協調配合，共同編製科技創新、基礎設施、產業發展、生態環境保護等領域的專項規劃或實施方案並推動落實。國家發展改革委要會同國務院港澳辦等有關部門對本規劃實施情況進行跟蹤分析評估，根據新情況新問題研究提出規劃調整建議，重大問題及時向黨中央、國務院報告。

第三節　防範化解風險

做好防範化解重大風險工作，重點防控金融風險。強化屬地金融風險管理責任，做好重點領域風險防範和處置，堅決打擊違法違規金融活動，加強薄弱環節監管制度建設，守住不發生系統性金融風險的底線。廣東省要嚴格落實預算法有關規定，強化地方政府債務限額管理，有效規範政府舉債融資；加大財政約束力度，有效抑制不具有還款能力的項目建設；加大督促問責力度，堅決制止違法違規融資擔保行為。

第四節　擴大社會參與

　　支持內地與港澳智庫加強合作，為大灣區發展提供智力支持。建立行政諮詢體系，邀請粵港澳專業人士為大灣區發展提供意見建議。支持粵港澳三地按照市場化原則，探索成立聯合投資開發機構和發展基金，共同參與大灣區建設。支持粵港澳工商企業界、勞工界、專業服務界、學術界等建立聯繫機制，加強交流與合作。擴大大灣區建設中的公眾參與，暢通公眾意見反饋渠道，支持各類市場主體共同參與大灣區建設發展。

抓住大機遇　建好大灣區

人民日報評論員

　　「珠三角」一張藍圖繪到底，粵港澳深化合作展新機。建設粵港澳大灣區是習近平總書記親自謀劃、親自部署、親自推動的國家戰略，是新時代推動形成全面開放新格局的新舉措，也是推動「一國兩制」事業發展的新實踐。《粵港澳大灣區發展規劃綱要》正式公開發佈，這份綱領性文件對粵港澳大灣區的戰略定位、發展目標、空間佈局等方面作了全面規劃，一個富有活力和國際競爭力的一流灣區和世界級城市群將在不懈奮鬥中一步步化為現實。

　　建設粵港澳大灣區是立足全局和長遠發展作出的重大謀劃。作為我國開放程度最高、經濟活力最強的區域之一，粵港澳大灣區在國家發展大局中具有重要戰略地位。40 年改革開放，粵港澳大灣區經濟實力、區域競爭力顯

著增強，已具備建成國際一流灣區和世界級城市群的基礎條件。按照規劃綱要，粵港澳大灣區不僅要建成充滿活力的世界級城市群、國際科技創新中心、「一帶一路」建設的重要支撐、內地與港澳深度合作示範區，還要打造成宜居宜業宜遊的優質生活圈，成為高質量發展的典範。推動粵港澳大灣區建設，有利於貫徹落實新發展理念，為我國經濟創新力和競爭力不斷增強提供支撐；有利於進一步深化改革、擴大開放，建立與國際接軌的開放型經濟新體制，建設高水平參與國際經濟合作新平台。

建設粵港澳大灣區是保持香港、澳門長期繁榮穩定的重大決策。40 年改革開放是香港、澳門同內地優勢互補、一起發展的歷程，也是香港、澳門日益融入國家發展大局、共享祖國繁榮富強偉大榮光的歷程。香港、澳門融入國家發展大局是「一國兩制」的應有之義，是改革開放的時代要求，也是香港、澳門探索發展新路向、開拓發展新空間、增添發展新動力的客觀要求。打造粵港澳大灣區，將進一步豐富「一國兩制」實踐內涵，為港澳經濟社會發展以及港澳同胞到內地發展提供更多機會，保持港澳

長期繁榮穩定。大灣區建設要在「一國兩制」框架內嚴格依照憲法和基本法辦事，堅守「一國」之本，善用「兩制」之利，進一步建立互利共贏的區域合作關係，為港澳發展注入新動能，拓展新空間。

建設好粵港澳大灣區，關鍵在創新。大灣區是在一個國家、兩種制度、三個關稅區、三種貨幣的條件下建設的，國際上沒有先例。要從實現中華民族偉大復興的戰略高度、新時代推動全面開放新格局的戰略高度深刻認識大灣區建設的重大意義，解放思想、積極探索、大膽嘗試，發揮先行先試作用，勇於解決與發展不適應的體制機制障礙和法規制度束縛。在「一國兩制」框架下，發揮粵港澳綜合優勢，創新體制機制，促進要素流通，推動大灣區內各城市合理分工、功能互補，提高區域發展協調性，促進城鄉融合發展。注重用法治化市場化方式協調解決大灣區合作發展中的問題，讓創新的動力充分湧流，讓市場主體活力充分展現。

「來而不可失者，時也；蹈而不可失者，機也。」粵港澳大灣區建設是港澳培育新優勢、發揮新作用、實現

新發展、作出新貢獻的重大機遇，是廣東改革開放的大機遇、大文章。粵港澳三地要抓住機遇、乘勢而上，高起點高質量建設大灣區，創造更加美好的生活，為中華民族偉大復興譜寫新篇章。

《人民日報》2019 年 2 月 19 日